Libro de jardinería

Este libro es un blog de:

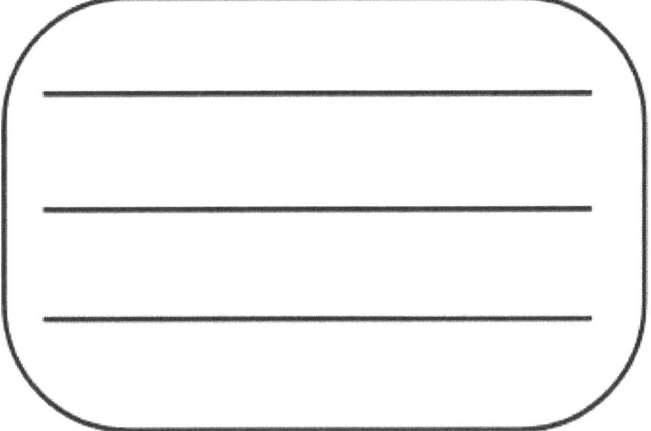

Idea de regalo perfecta para principiantes y aficionados a la jardinería

LIBRO DE JARDINERÍA

NOMBRE	POSICIÓN
PROVEEDOR	PRECIO

CLASE DE CIENCIAS

VEGETACIÓN	○	FRUTA
HIERBA	○	FLOR
ARBUSTO	○	ÁRBOL
ANUAL	○	BIENAL
PERMANENTE	○	SEMILLA

FECHAS

GERMINATO

PLANTA

COLECCIÓN

NIVEL DE LUZ

SOL

SOL PARCIAL

OMBRA

OTROS

EMPEZADO POR

SEMILLA

PLANTA

EVALUACIÓN

DIMENSIÓN	○○○○○
COLOR	○○○○○
GUSTO	○○○○○

FERTILIZANTES Y EQUIPOS

_____

_____

_____

_____

_____

REQUISITOS DEL AGUA

0% MENOS ☐

INSTRUCCIONES PARA EL CUIDADO

_____

_____

_____

_____

INSTRUCCIONES PARA LA SIEMBRA

_____

_____

_____

_____

NOTAS ADICIONALES

_____

_____

_____

_____

_____

_____

LIBRO DE JARDINERÍA

NOMBRE	POSICIÓN
PROVEEDOR	PRECIO

CLASE DE CIENCIAS

VEGETACIÓN ○	FRUTA
HIERBA ○	FLOR
ARBUSTO ○	ÁRBOL
ANUAL ○	BIENAL
PERMANENTE ○	SEMILLA

FECHAS

GERMINATO

PLANTA

COLECCIÓN

NIVEL DE LUZ

SOL

SOL PARCIAL

OMBRA

OTROS

EMPEZADO POR

SEMILLA

PLANTA

EVALUACIÓN

DIMENSIÓN ○○○○○

COLOR ○○○○○

GUSTO ○○○○○

FERTILIZANTES Y EQUIPOS

_____

_____

_____

_____

_____

REQUISITOS DEL AGUA

0% MENOS ☐

INSTRUCCIONES PARA EL CUIDADO

_____

_____

_____

_____

INSTRUCCIONES PARA LA SIEMBRA

_____

_____

_____

_____

NOTAS ADICIONALES

_____

_____

_____

_____

_____

_____

_____

LIBRO DE JARDINERÍA

NOMBRE	POSICIÓN
PROVEEDOR	PRECIO

CLASE DE CIENCIAS

VEGETACIÓN ○	FRUTA
HIERBA ○	FLOR
ARBUSTO ○	ÁRBOL
ANUAL ○	BIENAL
PERMANENTE ○	SEMILLA

FECHAS

GERMINATO

PLANTA

COLECCIÓN

NIVEL DE LUZ

SOL

SOL PARCIAL

OMBRA

OTROS

EMPEZADO POR

SEMILLA

PLANTA

EVALUACIÓN

DIMENSIÓN ○○○○○

COLOR ○○○○○

GUSTO ○○○○○

FERTILIZANTES Y EQUIPOS

_____

_____

_____

_____

_____

REQUISITOS DEL AGUA

0%
MENOS

INSTRUCCIONES PARA EL CUIDADO

_____

_____

_____

_____

INSTRUCCIONES PARA LA SIEMBRA

_____

_____

_____

_____

NOTAS ADICIONALES

_____

_____

_____

_____

_____

_____

LIBRO DE JARDINERÍA

NOMBRE	POSICIÓN

PROVEEDOR	PRECIO

CLASE DE CIENCIAS

VEGETACIÓN	○	FRUTA	
HIERBA	○	FLOR	
ARBUSTO	○	ÁRBOL	
ANUAL	○	BIENAL	
PERMANENTE	○	SEMILLA	

FECHAS

GERMINATO

PLANTA

COLECCIÓN

NIVEL DE LUZ

SOL

SOL PARCIAL

OMBRA

OTROS

EMPEZADO POR

SEMILLA

PLANTA

EVALUACIÓN

DIMENSIÓN ○○○○○

COLOR ○○○○○

GUSTO ○○○○○

FERTILIZANTES Y EQUIPOS

_____

_____

_____

_____

_____

REQUISITOS DEL AGUA

0% MENOS

INSTRUCCIONES PARA EL CUIDADO

_____

_____

_____

_____

INSTRUCCIONES PARA LA SIEMBRA

_____

_____

_____

_____

NOTAS ADICIONALES

_____

_____

_____

_____

_____

_____

LIBRO DE JARDINERÍA

NOMBRE	POSICIÓN
PROVEEDOR	PRECIO

CLASE DE CIENCIAS

VEGETACIÓN	○	FRUTA	
HIERBA	○	FLOR	
ARBUSTO	○	ÁRBOL	
ANUAL	○	BIENAL	
PERMANENTE	○	SEMILLA	

FECHAS

GERMINATO

PLANTA

COLECCIÓN

NIVEL DE LUZ

SOL

SOL PARCIAL

OMBRA

OTROS

EMPEZADO POR

SEMILLA

PLANTA

EVALUACIÓN

DIMENSIÓN ○○○○○

COLOR ○○○○○

GUSTO ○○○○○

FERTILIZANTES Y EQUIPOS

_____

_____

_____

_____

_____

REQUISITOS DEL AGUA

0% MENOS

INSTRUCCIONES PARA EL CUIDADO

_____

_____

_____

_____

INSTRUCCIONES PARA LA SIEMBRA

_____

_____

_____

_____

NOTAS ADICIONALES

_____

_____

_____

_____

_____

_____

LIBRO DE JARDINERÍA

NOMBRE		POSICIÓN
PROVEEDOR		PRECIO

CLASE DE CIENCIAS

VEGETACIÓN	○	FRUTA
HIERBA	○	FLOR
ARBUSTO	○	ÁRBOL
ANUAL	○	BIENAL
PERMANENTE	○	SEMILLA

FECHAS

GERMINATO

PLANTA

COLECCIÓN

NIVEL DE LUZ

SOL

SOL PARCIAL

OMBRA

OTROS

EMPEZADO POR

SEMILLA

PLANTA

EVALUACIÓN

DIMENSIÓN ○○○○○

COLOR ○○○○○

GUSTO ○○○○○

FERTILIZANTES Y EQUIPOS

_____

_____

_____

_____

_____

REQUISITOS DEL AGUA

0%
MENOS

INSTRUCCIONES PARA EL CUIDADO

_____

_____

_____

_____

INSTRUCCIONES PARA LA SIEMBRA

_____

_____

_____

_____

NOTAS ADICIONALES

_____

_____

_____

_____

_____

_____

LIBRO DE JARDINERÍA

NOMBRE	POSICIÓN
PROVEEDOR	PRECIO

CLASE DE CIENCIAS

VEGETACIÓN ○	FRUTA
HIERBA ○	FLOR
ARBUSTO ○	ÁRBOL
ANUAL ○	BIENAL
PERMANENTE ○	SEMILLA

FECHAS

GERMINATO

PLANTA

COLECCIÓN

NIVEL DE LUZ

SOL

SOL PARCIAL

OMBRA

OTROS

EMPEZADO POR

SEMILLA

PLANTA

EVALUACIÓN

DIMENSIÓN ○○○○○

COLOR ○○○○○

GUSTO ○○○○○

FERTILIZANTES Y EQUIPOS

_____

_____

_____

_____

_____

REQUISITOS DEL AGUA

0% MENOS

INSTRUCCIONES PARA EL CUIDADO

_____

_____

_____

_____

INSTRUCCIONES PARA LA SIEMBRA

_____

_____

_____

_____

NOTAS ADICIONALES

_____

_____

_____

_____

_____

_____

LIBRO DE JARDINERÍA

NOMBRE		POSICIÓN
PROVEEDOR		PRECIO

CLASE DE CIENCIAS

VEGETACIÓN	○	FRUTA
HIERBA	○	FLOR
ARBUSTO	○	ÁRBOL
ANUAL	○	BIENAL
PERMANENTE	○	SEMILLA

FECHAS

GERMINATO
PLANTA
COLECCIÓN

NIVEL DE LUZ

SOL
SOL PARCIAL
OMBRA
OTROS

EMPEZADO POR

SEMILLA
PLANTA

EVALUACIÓN

DIMENSIÓN ○○○○○

COLOR ○○○○○

GUSTO ○○○○○

FERTILIZANTES Y EQUIPOS

_____

_____

_____

_____

_____

REQUISITOS DEL AGUA

0% MENOS

INSTRUCCIONES PARA EL CUIDADO

_____

_____

_____

_____

INSTRUCCIONES PARA LA SIEMBRA

_____

_____

_____

_____

NOTAS ADICIONALES

_____

_____

_____

_____

_____

_____

LIBRO DE JARDINERÍA

NOMBRE	POSICIÓN

PROVEEDOR	PRECIO

CLASE DE CIENCIAS

VEGETACIÓN	○	FRUTA
HIERBA	○	FLOR
ARBUSTO	○	ÁRBOL
ANUAL	○	BIENAL
PERMANENTE	○	SEMILLA

FECHAS

GERMINATO

PLANTA

COLECCIÓN

NIVEL DE LUZ

SOL

SOL PARCIAL

OMBRA

OTROS

EMPEZADO POR

SEMILLA

PLANTA

EVALUACIÓN

DIMENSIÓN ○○○○○

COLOR ○○○○○

GUSTO ○○○○○

FERTILIZANTES Y EQUIPOS

_____

_____

_____

_____

_____

REQUISITOS DEL AGUA

0% MENOS [_____]

INSTRUCCIONES PARA EL CUIDADO

_____

_____

_____

_____

INSTRUCCIONES PARA LA SIEMBRA

_____

_____

_____

_____

NOTAS ADICIONALES

_____

_____

_____

_____

_____

_____

LIBRO DE JARDINERÍA

NOMBRE	POSICIÓN
PROVEEDOR	PRECIO

CLASE DE CIENCIAS

VEGETACIÓN ○	FRUTA
HIERBA ○	FLOR
ARBUSTO ○	ÁRBOL
ANUAL ○	BIENAL
PERMANENTE ○	SEMILLA

FECHAS

GERMINATO

PLANTA

COLECCIÓN

NIVEL DE LUZ

SOL

SOL PARCIAL

OMBRA

OTROS

EMPEZADO POR

SEMILLA

PLANTA

EVALUACIÓN

DIMENSIÓN ○○○○○

COLOR ○○○○○

GUSTO ○○○○○

FERTILIZANTES Y EQUIPOS

_____

_____

_____

_____

_____

REQUISITOS DEL AGUA

0% MENOS ▭

INSTRUCCIONES PARA EL CUIDADO

_____

_____

_____

_____

INSTRUCCIONES PARA LA SIEMBRA

_____

_____

_____

_____

NOTAS ADICIONALES

_____

_____

_____

_____

_____

_____

LIBRO DE JARDINERÍA

NOMBRE	POSICIÓN

PROVEEDOR	PRECIO

CLASE DE CIENCIAS

VEGETACIÓN	○	FRUTA
HIERBA	○	FLOR
ARBUSTO	○	ÁRBOL
ANUAL	○	BIENAL
PERMANENTE	○	SEMILLA

FECHAS

GERMINATO

PLANTA

COLECCIÓN

NIVEL DE LUZ

SOL

SOL PARCIAL

OMBRA

OTROS

EMPEZADO POR

SEMILLA

PLANTA

EVALUACIÓN

DIMENSIÓN ○○○○○

COLOR ○○○○○

GUSTO ○○○○○

FERTILIZANTES Y EQUIPOS

_____

_____

_____

_____

REQUISITOS DEL AGUA

0%
MENOS

INSTRUCCIONES PARA EL CUIDADO

_____

_____

_____

_____

INSTRUCCIONES PARA LA SIEMBRA

_____

_____

_____

_____

NOTAS ADICIONALES

_____

_____

_____

_____

_____

_____

LIBRO DE JARDINERÍA

NOMBRE		POSICIÓN

PROVEEDOR		PRECIO

CLASE DE CIENCIAS

VEGETACIÓN	○	FRUTA
HIERBA	○	FLOR
ARBUSTO	○	ÁRBOL
ANUAL	○	BIENAL
PERMANENTE	○	SEMILLA

FECHAS

GERMINATO

PLANTA

COLECCIÓN

NIVEL DE LUZ

SOL

SOL PARCIAL

OMBRA

OTROS

EMPEZADO POR

SEMILLA

PLANTA

EVALUACIÓN

DIMENSIÓN ○○○○○

COLOR ○○○○○

GUSTO ○○○○○

FERTILIZANTES Y EQUIPOS

_____

_____

_____

_____

_____

REQUISITOS DEL AGUA

0% MENOS □

INSTRUCCIONES PARA EL CUIDADO

_____

_____

_____

_____

INSTRUCCIONES PARA LA SIEMBRA

_____

_____

_____

_____

NOTAS ADICIONALES

_____

_____

_____

_____

_____

_____

LIBRO DE JARDINERÍA

NOMBRE	POSICIÓN
PROVEEDOR	PRECIO

CLASE DE CIENCIAS

VEGETACIÓN	○	FRUTA	
HIERBA	○	FLOR	
ARBUSTO	○	ÁRBOL	
ANUAL	○	BIENAL	
PERMANENTE	○	SEMILLA	

FECHAS

GERMINATO

PLANTA

COLECCIÓN

NIVEL DE LUZ

SOL

SOL PARCIAL

OMBRA

OTROS

EMPEZADO POR

SEMILLA

PLANTA

EVALUACIÓN

DIMENSIÓN ○○○○○

COLOR ○○○○○

GUSTO ○○○○○

FERTILIZANTES Y EQUIPOS

_____

_____

_____

_____

_____

REQUISITOS DEL AGUA

0% MENOS ☐

INSTRUCCIONES PARA EL CUIDADO

_____

_____

_____

_____

INSTRUCCIONES PARA LA SIEMBRA

_____

_____

_____

_____

NOTAS ADICIONALES

_____

_____

_____

_____

_____

_____

LIBRO DE JARDINERÍA

NOMBRE

POSICIÓN

PROVEEDOR

PRECIO

CLASE DE CIENCIAS

- VEGETACIÓN ○
- HIERBA ○
- ARBUSTO ○
- ANUAL ○
- PERMANENTE ○

- FRUTA
- FLOR
- ÁRBOL
- BIENAL
- SEMILLA

FECHAS

- GERMINATO
- PLANTA
- COLECCIÓN

NIVEL DE LUZ

- SOL
- SOL PARCIAL
- OMBRA
- OTROS

EMPEZADO POR

- SEMILLA
- PLANTA

EVALUACIÓN

- DIMENSIÓN ○○○○○
- COLOR ○○○○○
- GUSTO ○○○○○

FERTILIZANTES Y EQUIPOS

_____

_____

_____

_____

_____

REQUISITOS DEL AGUA

0%
MENOS

INSTRUCCIONES PARA EL CUIDADO

_____

_____

_____

_____

INSTRUCCIONES PARA LA SIEMBRA

_____

_____

_____

_____

NOTAS ADICIONALES

_____

_____

_____

_____

_____

_____

LIBRO DE JARDINERÍA

NOMBRE	POSICIÓN

PROVEEDOR	PRECIO

CLASE DE CIENCIAS

VEGETACIÓN	○		FRUTA
HIERBA	○		FLOR
ARBUSTO	○		ÁRBOL
ANUAL	○		BIENAL
PERMANENTE	○		SEMILLA

FECHAS

GERMINATO

PLANTA

COLECCIÓN

NIVEL DE LUZ

SOL

SOL PARCIAL

OMBRA

OTROS

EMPEZADO POR

SEMILLA

PLANTA

EVALUACIÓN

DIMENSIÓN ○○○○○

COLOR ○○○○○

GUSTO ○○○○○

FERTILIZANTES Y EQUIPOS

_____

_____

_____

_____

_____

REQUISITOS DEL AGUA

0% MENOS

INSTRUCCIONES PARA EL CUIDADO

_____

_____

_____

_____

INSTRUCCIONES PARA LA SIEMBRA

_____

_____

_____

_____

NOTAS ADICIONALES

_____

_____

_____

_____

_____

_____

LIBRO DE JARDINERÍA

NOMBRE	POSICIÓN

PROVEEDOR	PRECIO

CLASE DE CIENCIAS

VEGETACIÓN ○	FRUTA
HIERBA ○	FLOR
ARBUSTO ○	ÁRBOL
ANUAL ○	BIENAL
PERMANENTE ○	SEMILLA

FECHAS

GERMINATO

PLANTA

COLECCIÓN

NIVEL DE LUZ

SOL

SOL PARCIAL

OMBRA

OTROS

EMPEZADO POR

SEMILLA

PLANTA

EVALUACIÓN

DIMENSIÓN ○○○○○

COLOR ○○○○○

GUSTO ○○○○○

FERTILIZANTES Y EQUIPOS

_____

_____

_____

_____

_____

REQUISITOS DEL AGUA

0%
MENOS

INSTRUCCIONES PARA EL CUIDADO

_____

_____

_____

_____

INSTRUCCIONES PARA LA SIEMBRA

_____

_____

_____

_____

NOTAS ADICIONALES

_____

_____

_____

_____

_____

_____

LIBRO DE JARDINERÍA

NOMBRE		POSICIÓN
PROVEEDOR		PRECIO

CLASE DE CIENCIAS

VEGETACIÓN	○	FRUTA	
HIERBA	○	FLOR	
ARBUSTO	○	ÁRBOL	
ANUAL	○	BIENAL	
PERMANENTE	○	SEMILLA	

FECHAS

GERMINATO

PLANTA

COLECCIÓN

NIVEL DE LUZ

SOL

SOL PARCIAL

OMBRA

OTROS

EMPEZADO POR

SEMILLA

PLANTA

EVALUACIÓN

DIMENSIÓN ○○○○○

COLOR ○○○○○

GUSTO ○○○○○

FERTILIZANTES Y EQUIPOS

_____

_____

_____

_____

_____

REQUISITOS DEL AGUA

0% MENOS ☐

INSTRUCCIONES PARA EL CUIDADO

_____

_____

_____

_____

INSTRUCCIONES PARA LA SIEMBRA

_____

_____

_____

_____

NOTAS ADICIONALES

_____

_____

_____

_____

_____

_____

_____

LIBRO DE JARDINERÍA

NOMBRE	POSICIÓN
PROVEEDOR	PRECIO

CLASE DE CIENCIAS

VEGETACIÓN	○	FRUTA	
HIERBA	○	FLOR	
ARBUSTO	○	ÁRBOL	
ANUAL	○	BIENAL	
PERMANENTE	○	SEMILLA	

FECHAS

GERMINATO
PLANTA
COLECCIÓN

NIVEL DE LUZ

SOL
SOL PARCIAL
OMBRA
OTROS

EMPEZADO POR

SEMILLA
PLANTA

EVALUACIÓN

DIMENSIÓN ○○○○○

COLOR ○○○○○

GUSTO ○○○○○

FERTILIZANTES Y EQUIPOS

_____

_____

_____

_____

_____

REQUISITOS DEL AGUA

0%
MENOS

INSTRUCCIONES PARA EL CUIDADO

_____

_____

_____

_____

INSTRUCCIONES PARA LA SIEMBRA

_____

_____

_____

_____

NOTAS ADICIONALES

_____

_____

_____

_____

_____

_____

_____

LIBRO DE JARDINERÍA

NOMBRE	POSICIÓN
PROVEEDOR	PRECIO

CLASE DE CIENCIAS

VEGETACIÓN	○	FRUTA	
HIERBA	○	FLOR	
ARBUSTO	○	ÁRBOL	
ANUAL	○	BIENAL	
PERMANENTE	○	SEMILLA	

FECHAS

GERMINATO

PLANTA

COLECCIÓN

NIVEL DE LUZ

SOL

SOL PARCIAL

OMBRA

OTROS

EMPEZADO POR

SEMILLA

PLANTA

EVALUACIÓN

DIMENSIÓN ○○○○○

COLOR ○○○○○

GUSTO ○○○○○

FERTILIZANTES Y EQUIPOS

_____

_____

_____

_____

_____

REQUISITOS DEL AGUA

0%
MENOS

INSTRUCCIONES PARA EL CUIDADO

_____

_____

_____

_____

INSTRUCCIONES PARA LA SIEMBRA

_____

_____

_____

_____

NOTAS ADICIONALES

_____

_____

_____

_____

_____

_____

LIBRO DE JARDINERÍA

NOMBRE	POSICIÓN
PROVEEDOR	PRECIO

CLASE DE CIENCIAS

VEGETACIÓN ○	FRUTA
HIERBA ○	FLOR
ARBUSTO ○	ÁRBOL
ANUAL ○	BIENAL
PERMANENTE ○	SEMILLA

FECHAS

GERMINATO

PLANTA

COLECCIÓN

NIVEL DE LUZ

SOL

SOL PARCIAL

OMBRA

OTROS

EMPEZADO POR

SEMILLA

PLANTA

EVALUACIÓN

DIMENSIÓN ○○○○○

COLOR ○○○○○

GUSTO ○○○○○

FERTILIZANTES Y EQUIPOS

_____

_____

_____

_____

_____

REQUISITOS DEL AGUA

0%
MENOS

INSTRUCCIONES PARA EL CUIDADO

_____

_____

_____

_____

INSTRUCCIONES PARA LA SIEMBRA

_____

_____

_____

_____

NOTAS ADICIONALES

_____

_____

_____

_____

_____

_____

LIBRO DE JARDINERÍA

NOMBRE		POSICIÓN

PROVEEDOR		PRECIO

CLASE DE CIENCIAS

VEGETACIÓN	○	FRUTA
HIERBA	○	FLOR
ARBUSTO	○	ÁRBOL
ANUAL	○	BIENAL
PERMANENTE	○	SEMILLA

FECHAS

GERMINATO

PLANTA

COLECCIÓN

NIVEL DE LUZ

SOL

SOL PARCIAL

OMBRA

OTROS

EMPEZADO POR

SEMILLA

PLANTA

EVALUACIÓN

DIMENSIÓN ○○○○○

COLOR ○○○○○

GUSTO ○○○○○

FERTILIZANTES Y EQUIPOS

_____
_____
_____
_____
_____

REQUISITOS DEL AGUA

0% MENOS ☐

INSTRUCCIONES PARA EL CUIDADO

_____
_____
_____
_____

INSTRUCCIONES PARA LA SIEMBRA

_____
_____
_____
_____

NOTAS ADICIONALES

_____
_____
_____
_____
_____
_____

LIBRO DE JARDINERÍA

NOMBRE	POSICIÓN
PROVEEDOR	PRECIO

CLASE DE CIENCIAS

VEGETACIÓN	○	FRUTA
HIERBA	○	FLOR
ARBUSTO	○	ÁRBOL
ANUAL	○	BIENAL
PERMANENTE	○	SEMILLA

FECHAS

GERMINATO

PLANTA

COLECCIÓN

NIVEL DE LUZ

SOL

SOL PARCIAL

OMBRA

OTROS

EMPEZADO POR

SEMILLA

PLANTA

EVALUACIÓN

DIMENSIÓN ○○○○○

COLOR ○○○○○

GUSTO ○○○○○

FERTILIZANTES Y EQUIPOS

_____

_____

_____

_____

_____

REQUISITOS DEL AGUA

0% MENOS [_____]

INSTRUCCIONES PARA EL CUIDADO

_____

_____

_____

_____

INSTRUCCIONES PARA LA SIEMBRA

_____

_____

_____

_____

NOTAS ADICIONALES

_____

_____

_____

_____

_____

_____

LIBRO DE JARDINERÍA

NOMBRE		POSICIÓN
PROVEEDOR		PRECIO

CLASE DE CIENCIAS

VEGETACIÓN ○		FRUTA
HIERBA ○		FLOR
ARBUSTO ○		ÁRBOL
ANUAL ○		BIENAL
PERMANENTE ○		SEMILLA

FECHAS

GERMINATO

PLANTA

COLECCIÓN

NIVEL DE LUZ

SOL

SOL PARCIAL

OMBRA

OTROS

EMPEZADO POR

SEMILLA

PLANTA

EVALUACIÓN

DIMENSIÓN ○○○○○

COLOR ○○○○○

GUSTO ○○○○○

FERTILIZANTES Y EQUIPOS

_____

_____

_____

_____

_____

REQUISITOS DEL AGUA

0%
MENOS

INSTRUCCIONES PARA EL CUIDADO

_____

_____

_____

_____

INSTRUCCIONES PARA LA SIEMBRA

_____

_____

_____

_____

NOTAS ADICIONALES

_____

_____

_____

_____

_____

_____

_____

LIBRO DE JARDINERÍA

NOMBRE	POSICIÓN

PROVEEDOR	PRECIO

CLASE DE CIENCIAS

VEGETACIÓN ○	FRUTA
HIERBA ○	FLOR
ARBUSTO ○	ÁRBOL
ANUAL ○	BIENAL
PERMANENTE ○	SEMILLA

FECHAS

GERMINATO

PLANTA

COLECCIÓN

NIVEL DE LUZ

SOL

SOL PARCIAL

OMBRA

OTROS

EMPEZADO POR

SEMILLA

PLANTA

EVALUACIÓN

DIMENSIÓN ○○○○○

COLOR ○○○○○

GUSTO ○○○○○

FERTILIZANTES Y EQUIPOS

_____

_____

_____

_____

_____

REQUISITOS DEL AGUA

0%
MENOS

INSTRUCCIONES PARA EL CUIDADO

_____

_____

_____

_____

INSTRUCCIONES PARA LA SIEMBRA

_____

_____

_____

_____

NOTAS ADICIONALES

_____

_____

_____

_____

_____

_____

LIBRO DE JARDINERÍA

NOMBRE	POSICIÓN

PROVEEDOR	PRECIO

CLASE DE CIENCIAS

VEGETACIÓN	○	FRUTA
HIERBA	○	FLOR
ARBUSTO	○	ÁRBOL
ANUAL	○	BIENAL
PERMANENTE	○	SEMILLA

FECHAS

GERMINATO

PLANTA

COLECCIÓN

NIVEL DE LUZ

SOL

SOL PARCIAL

OMBRA

OTROS

EMPEZADO POR

SEMILLA

PLANTA

EVALUACIÓN

DIMENSIÓN ○○○○○

COLOR ○○○○○

GUSTO ○○○○○

FERTILIZANTES Y EQUIPOS

_____

_____

_____

_____

_____

REQUISITOS DEL AGUA

0%
MENOS ⬜

INSTRUCCIONES PARA EL CUIDADO

_____

_____

_____

_____

INSTRUCCIONES PARA LA SIEMBRA

_____

_____

_____

_____

NOTAS ADICIONALES

_____

_____

_____

_____

_____

_____

LIBRO DE JARDINERÍA

NOMBRE		POSICIÓN
PROVEEDOR		PRECIO

CLASE DE CIENCIAS

VEGETACIÓN	○	FRUTA
HIERBA	○	FLOR
ARBUSTO	○	ÁRBOL
ANUAL	○	BIENAL
PERMANENTE	○	SEMILLA

FECHAS

- GERMINATO
- PLANTA
- COLECCIÓN

NIVEL DE LUZ

- SOL
- SOL PARCIAL
- OMBRA
- OTROS

EMPEZADO POR

- SEMILLA
- PLANTA

EVALUACIÓN

- DIMENSIÓN ○○○○○
- COLOR ○○○○○
- GUSTO ○○○○○

FERTILIZANTES Y EQUIPOS

_____

_____

_____

_____

_____

REQUISITOS DEL AGUA

0% MENOS

INSTRUCCIONES PARA EL CUIDADO

_____

_____

_____

_____

INSTRUCCIONES PARA LA SIEMBRA

_____

_____

_____

_____

NOTAS ADICIONALES

_____

_____

_____

_____

_____

_____

_____

LIBRO DE JARDINERÍA

NOMBRE	POSICIÓN

PROVEEDOR	PRECIO

CLASE DE CIENCIAS

VEGETACIÓN ○	FRUTA
HIERBA ○	FLOR
ARBUSTO ○	ÁRBOL
ANUAL ○	BIENAL
PERMANENTE ○	SEMILLA

FECHAS

GERMINATO

PLANTA

COLECCIÓN

NIVEL DE LUZ

SOL

SOL PARCIAL

OMBRA

OTROS

EMPEZADO POR

SEMILLA

PLANTA

EVALUACIÓN

DIMENSIÓN ○○○○○

COLOR ○○○○○

GUSTO ○○○○○

FERTILIZANTES Y EQUIPOS

_____

_____

_____

_____

_____

REQUISITOS DEL AGUA

0% MENOS

INSTRUCCIONES PARA EL CUIDADO

_____

_____

_____

_____

INSTRUCCIONES PARA LA SIEMBRA

_____

_____

_____

_____

NOTAS ADICIONALES

_____

_____

_____

_____

_____

_____

LIBRO DE JARDINERÍA

NOMBRE	POSICIÓN
PROVEEDOR	PRECIO

CLASE DE CIENCIAS

VEGETACIÓN	○	FRUTA	
HIERBA	○	FLOR	
ARBUSTO	○	ÁRBOL	
ANUAL	○	BIENAL	
PERMANENTE	○	SEMILLA	

FECHAS

GERMINATO

PLANTA

COLECCIÓN

NIVEL DE LUZ

SOL

SOL PARCIAL

OMBRA

OTROS

EMPEZADO POR

SEMILLA

PLANTA

EVALUACIÓN

DIMENSIÓN ○○○○○

COLOR ○○○○○

GUSTO ○○○○○

FERTILIZANTES Y EQUIPOS

_____

_____

_____

_____

_____

REQUISITOS DEL AGUA

0% MENOS [ ]

INSTRUCCIONES PARA EL CUIDADO

_____

_____

_____

_____

INSTRUCCIONES PARA LA SIEMBRA

_____

_____

_____

_____

NOTAS ADICIONALES

_____

_____

_____

_____

_____

_____

LIBRO DE JARDINERÍA

NOMBRE	POSICIÓN

PROVEEDOR	PRECIO

CLASE DE CIENCIAS

VEGETACIÓN ○	FRUTA
HIERBA ○	FLOR
ARBUSTO ○	ÁRBOL
ANUAL ○	BIENAL
PERMANENTE ○	SEMILLA

FECHAS

GERMINATO

PLANTA

COLECCIÓN

NIVEL DE LUZ

SOL

SOL PARCIAL

OMBRA

OTROS

EMPEZADO POR

SEMILLA

PLANTA

EVALUACIÓN

DIMENSIÓN ○○○○○

COLOR ○○○○○

GUSTO ○○○○○

FERTILIZANTES Y EQUIPOS

_____

_____

_____

_____

_____

REQUISITOS DEL AGUA

0%
MENOS

INSTRUCCIONES PARA EL CUIDADO

_____

_____

_____

_____

INSTRUCCIONES PARA LA SIEMBRA

_____

_____

_____

_____

NOTAS ADICIONALES

_____

_____

_____

_____

_____

_____

LIBRO DE JARDINERÍA

NOMBRE		POSICIÓN
PROVEEDOR		PRECIO

CLASE DE CIENCIAS

VEGETACIÓN	○	FRUTA
HIERBA	○	FLOR
ARBUSTO	○	ÁRBOL
ANUAL	○	BIENAL
PERMANENTE	○	SEMILLA

FECHAS

GERMINATO

PLANTA

COLECCIÓN

NIVEL DE LUZ

SOL

SOL PARCIAL

OMBRA

OTROS

EMPEZADO POR

SEMILLA

PLANTA

EVALUACIÓN

DIMENSIÓN ○○○○○

COLOR ○○○○○

GUSTO ○○○○○

FERTILIZANTES Y EQUIPOS

_____

_____

_____

_____

_____

REQUISITOS DEL AGUA

0% MENOS

INSTRUCCIONES PARA EL CUIDADO

_____

_____

_____

_____

INSTRUCCIONES PARA LA SIEMBRA

_____

_____

_____

_____

NOTAS ADICIONALES

_____

_____

_____

_____

_____

_____

LIBRO DE JARDINERÍA

NOMBRE	POSICIÓN

PROVEEDOR	PRECIO

CLASE DE CIENCIAS

VEGETACIÓN	○	FRUTA	
HIERBA	○	FLOR	
ARBUSTO	○	ÁRBOL	
ANUAL	○	BIENAL	
PERMANENTE	○	SEMILLA	

FECHAS

GERMINATO

PLANTA

COLECCIÓN

NIVEL DE LUZ

SOL

SOL PARCIAL

OMBRA

OTROS

EMPEZADO POR

SEMILLA

PLANTA

EVALUACIÓN

DIMENSIÓN ○○○○○

COLOR ○○○○○

GUSTO ○○○○○

FERTILIZANTES Y EQUIPOS

_____

_____

_____

_____

_____

REQUISITOS DEL AGUA

0%
MENOS ☐

INSTRUCCIONES PARA EL CUIDADO

_____

_____

_____

_____

_____

INSTRUCCIONES PARA LA SIEMBRA

_____

_____

_____

_____

NOTAS ADICIONALES

_____

_____

_____

_____

_____

_____

LIBRO DE JARDINERÍA

NOMBRE	POSICIÓN
PROVEEDOR	PRECIO

CLASE DE CIENCIAS

- VEGETACIÓN ○   FRUTA
- HIERBA ○   FLOR
- ARBUSTO ○   ÁRBOL
- ANUAL ○   BIENAL
- PERMANENTE ○   SEMILLA

FECHAS

GERMINATO

PLANTA

COLECCIÓN

NIVEL DE LUZ

SOL

SOL PARCIAL

OMBRA

OTROS

EMPEZADO POR

SEMILLA

PLANTA

EVALUACIÓN

DIMENSIÓN ○○○○○

COLOR ○○○○○

GUSTO ○○○○○

FERTILIZANTES Y EQUIPOS

_____

_____

_____

_____

_____

REQUISITOS DEL AGUA

0% MENOS [_____]

INSTRUCCIONES PARA EL CUIDADO

_____

_____

_____

_____

INSTRUCCIONES PARA LA SIEMBRA

_____

_____

_____

_____

NOTAS ADICIONALES

_____

_____

_____

_____

_____

_____

LIBRO DE JARDINERÍA

NOMBRE	POSICIÓN
PROVEEDOR	PRECIO

CLASE DE CIENCIAS

VEGETACIÓN	○	FRUTA	
HIERBA	○	FLOR	
ARBUSTO	○	ÁRBOL	
ANUAL	○	BIENAL	
PERMANENTE	○	SEMILLA	

FECHAS

GERMINATO

PLANTA

COLECCIÓN

NIVEL DE LUZ

SOL

SOL PARCIAL

OMBRA

OTROS

EMPEZADO POR

SEMILLA

PLANTA

EVALUACIÓN

DIMENSIÓN ○○○○○

COLOR ○○○○○

GUSTO ○○○○○

FERTILIZANTES Y EQUIPOS

_____

_____

_____

_____

_____

REQUISITOS DEL AGUA

0%
MENOS

INSTRUCCIONES PARA EL CUIDADO

_____

_____

_____

_____

INSTRUCCIONES PARA LA SIEMBRA

_____

_____

_____

_____

NOTAS ADICIONALES

_____

_____

_____

_____

_____

_____

LIBRO DE JARDINERÍA

NOMBRE	POSICIÓN
PROVEEDOR	PRECIO

CLASE DE CIENCIAS

VEGETACIÓN ○	FRUTA
HIERBA ○	FLOR
ARBUSTO ○	ÁRBOL
ANUAL ○	BIENAL
PERMANENTE ○	SEMILLA

FECHAS

GERMINATO

PLANTA

COLECCIÓN

NIVEL DE LUZ

SOL

SOL PARCIAL

OMBRA

OTROS

EMPEZADO POR

SEMILLA

PLANTA

EVALUACIÓN

DIMENSIÓN ○○○○○

COLOR ○○○○○

GUSTO ○○○○○

FERTILIZANTES Y EQUIPOS

_____

_____

_____

_____

_____

REQUISITOS DEL AGUA

0% MENOS [_____]

INSTRUCCIONES PARA EL CUIDADO

_____

_____

_____

_____

INSTRUCCIONES PARA LA SIEMBRA

_____

_____

_____

_____

NOTAS ADICIONALES

_____

_____

_____

_____

_____

_____

LIBRO DE JARDINERÍA

NOMBRE	POSICIÓN

PROVEEDOR	PRECIO

CLASE DE CIENCIAS

VEGETACIÓN	○	FRUTA
HIERBA	○	FLOR
ARBUSTO	○	ÁRBOL
ANUAL	○	BIENAL
PERMANENTE	○	SEMILLA

FECHAS

GERMINATO

PLANTA

COLECCIÓN

NIVEL DE LUZ

SOL

SOL PARCIAL

OMBRA

OTROS

EMPEZADO POR

SEMILLA

PLANTA

EVALUACIÓN

DIMENSIÓN ○○○○○

COLOR ○○○○○

GUSTO ○○○○○

FERTILIZANTES Y EQUIPOS

_____

_____

_____

_____

REQUISITOS DEL AGUA

0% MENOS

INSTRUCCIONES PARA EL CUIDADO

_____

_____

_____

_____

INSTRUCCIONES PARA LA SIEMBRA

_____

_____

_____

_____

NOTAS ADICIONALES

_____

_____

_____

_____

_____

_____

LIBRO DE JARDINERÍA

NOMBRE	POSICIÓN

PROVEEDOR	PRECIO

CLASE DE CIENCIAS

VEGETACIÓN	○	FRUTA
HIERBA	○	FLOR
ARBUSTO	○	ÁRBOL
ANUAL	○	BIENAL
PERMANENTE	○	SEMILLA

FECHAS

GERMINATO

PLANTA

COLECCIÓN

NIVEL DE LUZ

SOL

SOL PARCIAL

OMBRA

OTROS

EMPEZADO POR

SEMILLA

PLANTA

EVALUACIÓN

DIMENSIÓN ○○○○○

COLOR ○○○○○

GUSTO ○○○○○

FERTILIZANTES Y EQUIPOS

_____

_____

_____

_____

_____

REQUISITOS DEL AGUA

0% MENOS ☐

INSTRUCCIONES PARA EL CUIDADO

_____

_____

_____

_____

INSTRUCCIONES PARA LA SIEMBRA

_____

_____

_____

_____

NOTAS ADICIONALES

_____

_____

_____

_____

_____

_____

LIBRO DE JARDINERÍA

NOMBRE	POSICIÓN

PROVEEDOR	PRECIO

CLASE DE CIENCIAS

VEGETACIÓN ○	FRUTA
HIERBA ○	FLOR
ARBUSTO ○	ÁRBOL
ANUAL ○	BIENAL
PERMANENTE ○	SEMILLA

FECHAS

GERMINATO

PLANTA

COLECCIÓN

NIVEL DE LUZ

SOL

SOL PARCIAL

OMBRA

OTROS

EMPEZADO POR

SEMILLA

PLANTA

EVALUACIÓN

DIMENSIÓN ○○○○○

COLOR ○○○○○

GUSTO ○○○○○

FERTILIZANTES Y EQUIPOS

_____

_____

_____

_____

_____

REQUISITOS DEL AGUA

0%
MENOS

INSTRUCCIONES PARA EL CUIDADO

_____

_____

_____

_____

INSTRUCCIONES PARA LA SIEMBRA

_____

_____

_____

_____

NOTAS ADICIONALES

_____

_____

_____

_____

_____

_____

LIBRO DE JARDINERÍA

NOMBRE	POSICIÓN
PROVEEDOR	PRECIO

CLASE DE CIENCIAS

VEGETACIÓN	○	FRUTA
HIERBA	○	FLOR
ARBUSTO	○	ÁRBOL
ANUAL	○	BIENAL
PERMANENTE	○	SEMILLA

FECHAS

- GERMINATO
- PLANTA
- COLECCIÓN

NIVEL DE LUZ

- SOL
- SOL PARCIAL
- OMBRA
- OTROS

EMPEZADO POR

- SEMILLA
- PLANTA

EVALUACIÓN

DIMENSIÓN	○○○○○
COLOR	○○○○○
GUSTO	○○○○○

FERTILIZANTES Y EQUIPOS

_____

_____

_____

_____

_____

REQUISITOS DEL AGUA

0%
MENOS

INSTRUCCIONES PARA EL CUIDADO

_____

_____

_____

_____

INSTRUCCIONES PARA LA SIEMBRA

_____

_____

_____

_____

NOTAS ADICIONALES

_____

_____

_____

_____

_____

_____

LIBRO DE JARDINERÍA

NOMBRE	POSICIÓN
PROVEEDOR	PRECIO

CLASE DE CIENCIAS

VEGETACIÓN	○	FRUTA
HIERBA	○	FLOR
ARBUSTO	○	ÁRBOL
ANUAL	○	BIENAL
PERMANENTE	○	SEMILLA

FECHAS

- GERMINATO
- PLANTA
- COLECCIÓN

NIVEL DE LUZ

- SOL
- SOL PARCIAL
- OMBRA
- OTROS

EMPEZADO POR

- SEMILLA
- PLANTA

EVALUACIÓN

DIMENSIÓN ○○○○○

COLOR ○○○○○

GUSTO ○○○○○

FERTILIZANTES Y EQUIPOS

_____

_____

_____

_____

_____

REQUISITOS DEL AGUA

0%
MENOS

INSTRUCCIONES PARA EL CUIDADO

_____

_____

_____

_____

INSTRUCCIONES PARA LA SIEMBRA

_____

_____

_____

_____

NOTAS ADICIONALES

_____

_____

_____

_____

_____

_____

LIBRO DE JARDINERÍA

NOMBRE	POSICIÓN

PROVEEDOR	PRECIO

CLASE DE CIENCIAS

- VEGETACIÓN ○ — FRUTA
- HIERBA ○ — FLOR
- ARBUSTO ○ — ÁRBOL
- ANUAL ○ — BIENAL
- PERMANENTE ○ — SEMILLA

FECHAS

GERMINATO
PLANTA
COLECCIÓN

NIVEL DE LUZ

SOL
SOL PARCIAL
OMBRA
OTROS

EMPEZADO POR

SEMILLA
PLANTA

EVALUACIÓN

DIMENSIÓN ○○○○○

COLOR ○○○○○

GUSTO ○○○○○

FERTILIZANTES Y EQUIPOS

_____

_____

_____

_____

_____

REQUISITOS DEL AGUA

0% MENOS ⬜

INSTRUCCIONES PARA EL CUIDADO

_____

_____

_____

_____

INSTRUCCIONES PARA LA SIEMBRA

_____

_____

_____

_____

NOTAS ADICIONALES

_____

_____

_____

_____

_____

_____

LIBRO DE JARDINERÍA

NOMBRE

POSICIÓN

PROVEEDOR

PRECIO

CLASE DE CIENCIAS

VEGETACIÓN	○	FRUTA
HIERBA	○	FLOR
ARBUSTO	○	ÁRBOL
ANUAL	○	BIENAL
PERMANENTE	○	SEMILLA

FECHAS

GERMINATO

PLANTA

COLECCIÓN

NIVEL DE LUZ

SOL

SOL PARCIAL

OMBRA

OTROS

EMPEZADO POR

SEMILLA

PLANTA

EVALUACIÓN

DIMENSIÓN ○○○○○

COLOR ○○○○○

GUSTO ○○○○○

FERTILIZANTES Y EQUIPOS

_____

_____

_____

_____

_____

REQUISITOS DEL AGUA

0%
MENOS

INSTRUCCIONES PARA EL CUIDADO

_____

_____

_____

_____

INSTRUCCIONES PARA LA SIEMBRA

_____

_____

_____

_____

NOTAS ADICIONALES

_____

_____

_____

_____

_____

_____

_____

LIBRO DE JARDINERÍA

NOMBRE	POSICIÓN

PROVEEDOR	PRECIO

CLASE DE CIENCIAS

VEGETACIÓN ○	FRUTA
HIERBA ○	FLOR
ARBUSTO ○	ÁRBOL
ANUAL ○	BIENAL
PERMANENTE ○	SEMILLA

FECHAS

GERMINATO

PLANTA

COLECCIÓN

NIVEL DE LUZ

SOL

SOL PARCIAL

OMBRA

OTROS

EMPEZADO POR

SEMILLA

PLANTA

EVALUACIÓN

DIMENSIÓN ○○○○○

COLOR ○○○○○

GUSTO ○○○○○

FERTILIZANTES Y EQUIPOS

_____

_____

_____

_____

REQUISITOS DEL AGUA

0% MENOS

INSTRUCCIONES PARA EL CUIDADO

_____

_____

_____

_____

INSTRUCCIONES PARA LA SIEMBRA

_____

_____

_____

_____

NOTAS ADICIONALES

_____

_____

_____

_____

_____

_____

LIBRO DE JARDINERÍA

NOMBRE	POSICIÓN

PROVEEDOR	PRECIO

CLASE DE CIENCIAS

VEGETACIÓN	○	FRUTA
HIERBA	○	FLOR
ARBUSTO	○	ÁRBOL
ANUAL	○	BIENAL
PERMANENTE	○	SEMILLA

FECHAS

GERMINATO
___
PLANTA
___
COLECCIÓN
___

NIVEL DE LUZ

SOL
___
SOL PARCIAL
___
OMBRA
___
OTROS
___

EMPEZADO POR

SEMILLA
___
PLANTA
___
___

EVALUACIÓN

DIMENSIÓN ○○○○○

COLOR ○○○○○

GUSTO ○○○○○

FERTILIZANTES Y EQUIPOS

_____

_____

_____

_____

_____

REQUISITOS DEL AGUA

0%
MENOS [   ]

INSTRUCCIONES PARA EL CUIDADO

_____

_____

_____

_____

INSTRUCCIONES PARA LA SIEMBRA

_____

_____

_____

_____

NOTAS ADICIONALES

_____

_____

_____

_____

_____

_____

LIBRO DE JARDINERÍA

NOMBRE

POSICIÓN

PROVEEDOR

PRECIO

CLASE DE CIENCIAS

VEGETACIÓN ○	FRUTA
HIERBA ○	FLOR
ARBUSTO ○	ÁRBOL
ANUAL ○	BIENAL
PERMANENTE ○	SEMILLA

FECHAS

GERMINATO

PLANTA

COLECCIÓN

NIVEL DE LUZ

SOL

SOL PARCIAL

OMBRA

OTROS

EMPEZADO POR

SEMILLA

PLANTA

EVALUACIÓN

DIMENSIÓN ○○○○○

COLOR ○○○○○

GUSTO ○○○○○

FERTILIZANTES Y EQUIPOS

_____

_____

_____

_____

_____

REQUISITOS DEL AGUA

0% MENOS

INSTRUCCIONES PARA EL CUIDADO

_____

_____

_____

_____

INSTRUCCIONES PARA LA SIEMBRA

_____

_____

_____

_____

NOTAS ADICIONALES

_____

_____

_____

_____

_____

_____

LIBRO DE JARDINERÍA

NOMBRE		POSICIÓN
PROVEEDOR		PRECIO

CLASE DE CIENCIAS

VEGETACIÓN	○	FRUTA
HIERBA	○	FLOR
ARBUSTO	○	ÁRBOL
ANUAL	○	BIENAL
PERMANENTE	○	SEMILLA

FECHAS

GERMINATO

PLANTA

COLECCIÓN

NIVEL DE LUZ

SOL

SOL PARCIAL

OMBRA

OTROS

EMPEZADO POR

SEMILLA

PLANTA

EVALUACIÓN

DIMENSIÓN ○○○○○

COLOR ○○○○○

GUSTO ○○○○○

FERTILIZANTES Y EQUIPOS

_____

_____

_____

_____

REQUISITOS DEL AGUA

0% MENOS

INSTRUCCIONES PARA EL CUIDADO

_____

_____

_____

_____

INSTRUCCIONES PARA LA SIEMBRA

_____

_____

_____

_____

NOTAS ADICIONALES

_____

_____

_____

_____

_____

_____

LIBRO DE JARDINERÍA

NOMBRE	POSICIÓN
PROVEEDOR	PRECIO

CLASE DE CIENCIAS

VEGETACIÓN ○	FRUTA
HIERBA ○	FLOR
ARBUSTO ○	ÁRBOL
ANUAL ○	BIENAL
PERMANENTE ○	SEMILLA

FECHAS

GERMINATO

PLANTA

COLECCIÓN

NIVEL DE LUZ

SOL

SOL PARCIAL

OMBRA

OTROS

EMPEZADO POR

SEMILLA

PLANTA

EVALUACIÓN

DIMENSIÓN ○○○○○

COLOR ○○○○○

GUSTO ○○○○○

FERTILIZANTES Y EQUIPOS

_____

_____

_____

_____

_____

REQUISITOS DEL AGUA

0% MENOS ☐

INSTRUCCIONES PARA EL CUIDADO

_____

_____

_____

_____

INSTRUCCIONES PARA LA SIEMBRA

_____

_____

_____

_____

NOTAS ADICIONALES

_____

_____

_____

_____

_____

_____

LIBRO DE JARDINERÍA

NOMBRE		POSICIÓN
PROVEEDOR		PRECIO

CLASE DE CIENCIAS

VEGETACIÓN	○	FRUTA
HIERBA	○	FLOR
ARBUSTO	○	ÁRBOL
ANUAL	○	BIENAL
PERMANENTE	○	SEMILLA

FECHAS

GERMINATO

PLANTA

COLECCIÓN

NIVEL DE LUZ

SOL

SOL PARCIAL

OMBRA

OTROS

EMPEZADO POR

SEMILLA

PLANTA

EVALUACIÓN

DIMENSIÓN ○○○○○

COLOR ○○○○○

GUSTO ○○○○○

FERTILIZANTES Y EQUIPOS

_____

_____

_____

_____

_____

REQUISITOS DEL AGUA

0% MENOS [   ]

INSTRUCCIONES PARA EL CUIDADO

_____

_____

_____

_____

INSTRUCCIONES PARA LA SIEMBRA

_____

_____

_____

_____

NOTAS ADICIONALES

_____

_____

_____

_____

_____

_____

LIBRO DE JARDINERÍA

NOMBRE		POSICIÓN
PROVEEDOR		PRECIO

CLASE DE CIENCIAS

VEGETACIÓN	○	FRUTA
HIERBA	○	FLOR
ARBUSTO	○	ÁRBOL
ANUAL	○	BIENAL
PERMANENTE	○	SEMILLA

FECHAS

GERMINATO

PLANTA

COLECCIÓN

NIVEL DE LUZ

SOL

SOL PARCIAL

OMBRA

OTROS

EMPEZADO POR

SEMILLA

PLANTA

EVALUACIÓN

DIMENSIÓN ○○○○○

COLOR ○○○○○

GUSTO ○○○○○

FERTILIZANTES Y EQUIPOS

_____

_____

_____

_____

REQUISITOS DEL AGUA

0%
MENOS

INSTRUCCIONES PARA EL CUIDADO

_____

_____

_____

_____

INSTRUCCIONES PARA LA SIEMBRA

_____

_____

_____

_____

NOTAS ADICIONALES

_____

_____

_____

_____

_____

_____

LIBRO DE JARDINERÍA

NOMBRE	POSICIÓN
PROVEEDOR	PRECIO

CLASE DE CIENCIAS

VEGETACIÓN	○	FRUTA
HIERBA	○	FLOR
ARBUSTO	○	ÁRBOL
ANUAL	○	BIENAL
PERMANENTE	○	SEMILLA

FECHAS

GERMINATO

PLANTA

COLECCIÓN

NIVEL DE LUZ

SOL

SOL PARCIAL

OMBRA

OTROS

EMPEZADO POR

SEMILLA

PLANTA

EVALUACIÓN

DIMENSIÓN ○○○○○

COLOR ○○○○○

GUSTO ○○○○○

FERTILIZANTES Y EQUIPOS

_____

_____

_____

_____

_____

REQUISITOS DEL AGUA

0%
MENOS ☐

INSTRUCCIONES PARA EL CUIDADO

_____

_____

_____

_____

INSTRUCCIONES PARA LA SIEMBRA

_____

_____

_____

_____

NOTAS ADICIONALES

_____

_____

_____

_____

_____

_____

LIBRO DE JARDINERÍA

NOMBRE	POSICIÓN
PROVEEDOR	PRECIO

CLASE DE CIENCIAS

VEGETACIÓN	○	FRUTA	
HIERBA	○	FLOR	
ARBUSTO	○	ÁRBOL	
ANUAL	○	BIENAL	
PERMANENTE	○	SEMILLA	

FECHAS

GERMINATO

PLANTA

COLECCIÓN

NIVEL DE LUZ

SOL

SOL PARCIAL

OMBRA

OTROS

EMPEZADO POR

SEMILLA

PLANTA

EVALUACIÓN

DIMENSIÓN ○○○○○

COLOR ○○○○○

GUSTO ○○○○○

FERTILIZANTES Y EQUIPOS

_____

_____

_____

_____

_____

REQUISITOS DEL AGUA

0% MENOS _____

INSTRUCCIONES PARA EL CUIDADO

_____

_____

_____

_____

INSTRUCCIONES PARA LA SIEMBRA

_____

_____

_____

_____

NOTAS ADICIONALES

_____

_____

_____

_____

_____

_____

LIBRO DE JARDINERÍA

NOMBRE		POSICIÓN
PROVEEDOR		PRECIO

CLASE DE CIENCIAS

VEGETACIÓN	○	FRUTA
HIERBA	○	FLOR
ARBUSTO	○	ÁRBOL
ANUAL	○	BIENAL
PERMANENTE	○	SEMILLA

FECHAS

GERMINATO

PLANTA

COLECCIÓN

NIVEL DE LUZ

SOL

SOL PARCIAL

OMBRA

OTROS

EMPEZADO POR

SEMILLA

PLANTA

EVALUACIÓN

DIMENSIÓN ○○○○○

COLOR ○○○○○

GUSTO ○○○○○

FERTILIZANTES Y EQUIPOS

_____

_____

_____

_____

_____

REQUISITOS DEL AGUA

0% MENOS

INSTRUCCIONES PARA EL CUIDADO

_____

_____

_____

_____

INSTRUCCIONES PARA LA SIEMBRA

_____

_____

_____

_____

NOTAS ADICIONALES

_____

_____

_____

_____

_____

_____

LIBRO DE JARDINERÍA

NOMBRE	POSICIÓN

PROVEEDOR	PRECIO

CLASE DE CIENCIAS

VEGETACIÓN	○	FRUTA	
HIERBA	○	FLOR	
ARBUSTO	○	ÁRBOL	
ANUAL	○	BIENAL	
PERMANENTE	○	SEMILLA	

FECHAS

GERMINATO

PLANTA

COLECCIÓN

NIVEL DE LUZ

SOL

SOL PARCIAL

OMBRA

OTROS

EMPEZADO POR

SEMILLA

PLANTA

EVALUACIÓN

DIMENSIÓN ○○○○○

COLOR ○○○○○

GUSTO ○○○○○

FERTILIZANTES Y EQUIPOS

_____

_____

_____

_____

REQUISITOS DEL AGUA

0% MENOS ▭

INSTRUCCIONES PARA EL CUIDADO

_____

_____

_____

_____

INSTRUCCIONES PARA LA SIEMBRA

_____

_____

_____

_____

NOTAS ADICIONALES

_____

_____

_____

_____

_____

_____

LIBRO DE JARDINERÍA

NOMBRE		POSICIÓN
PROVEEDOR		PRECIO

CLASE DE CIENCIAS

VEGETACIÓN	○	FRUTA
HIERBA	○	FLOR
ARBUSTO	○	ÁRBOL
ANUAL	○	BIENAL
PERMANENTE	○	SEMILLA

FECHAS

GERMINATO

PLANTA

COLECCIÓN

NIVEL DE LUZ

SOL

SOL PARCIAL

OMBRA

OTROS

EMPEZADO POR

SEMILLA

PLANTA

EVALUACIÓN

DIMENSIÓN ○○○○○

COLOR ○○○○○

GUSTO ○○○○○

FERTILIZANTES Y EQUIPOS

_____

_____

_____

_____

_____

REQUISITOS DEL AGUA

0% MENOS

INSTRUCCIONES PARA EL CUIDADO

_____

_____

_____

_____

INSTRUCCIONES PARA LA SIEMBRA

_____

_____

_____

_____

NOTAS ADICIONALES

_____

_____

_____

_____

_____

_____

LIBRO DE JARDINERÍA

NOMBRE	POSICIÓN

PROVEEDOR	PRECIO

CLASE DE CIENCIAS

VEGETACIÓN ○	FRUTA
HIERBA ○	FLOR
ARBUSTO ○	ÁRBOL
ANUAL ○	BIENAL
PERMANENTE ○	SEMILLA

FECHAS

GERMINATO

PLANTA

COLECCIÓN

NIVEL DE LUZ

SOL

SOL PARCIAL

OMBRA

OTROS

EMPEZADO POR

SEMILLA

PLANTA

EVALUACIÓN

DIMENSIÓN ○○○○○

COLOR ○○○○○

GUSTO ○○○○○

FERTILIZANTES Y EQUIPOS

_____

_____

_____

_____

_____

REQUISITOS DEL AGUA

0% MENOS [_____]

INSTRUCCIONES PARA EL CUIDADO

_____

_____

_____

_____

INSTRUCCIONES PARA LA SIEMBRA

_____

_____

_____

_____

NOTAS ADICIONALES

_____

_____

_____

_____

_____

_____

LIBRO DE JARDINERÍA

NOMBRE	POSICIÓN
PROVEEDOR	PRECIO

CLASE DE CIENCIAS

VEGETACIÓN ○	FRUTA
HIERBA ○	FLOR
ARBUSTO ○	ÁRBOL
ANUAL ○	BIENAL
PERMANENTE ○	SEMILLA

FECHAS

GERMINATO

PLANTA

COLECCIÓN

NIVEL DE LUZ

SOL

SOL PARCIAL

OMBRA

OTROS

EMPEZADO POR

SEMILLA

PLANTA

EVALUACIÓN

DIMENSIÓN ○○○○○

COLOR ○○○○○

GUSTO ○○○○○

FERTILIZANTES Y EQUIPOS

_____

_____

_____

_____

_____

REQUISITOS DEL AGUA

0% MENOS ▭

INSTRUCCIONES PARA EL CUIDADO

_____

_____

_____

_____

INSTRUCCIONES PARA LA SIEMBRA

_____

_____

_____

_____

NOTAS ADICIONALES

_____

_____

_____

_____

_____

_____

LIBRO DE JARDINERÍA

NOMBRE	POSICIÓN
PROVEEDOR	PRECIO

CLASE DE CIENCIAS

VEGETACIÓN	○	FRUTA
HIERBA	○	FLOR
ARBUSTO	○	ÁRBOL
ANUAL	○	BIENAL
PERMANENTE	○	SEMILLA

FECHAS

GERMINATO

PLANTA

COLECCIÓN

NIVEL DE LUZ

SOL

SOL PARCIAL

OMBRA

OTROS

EMPEZADO POR

SEMILLA

PLANTA

EVALUACIÓN

DIMENSIÓN ○○○○○

COLOR ○○○○○

GUSTO ○○○○○

FERTILIZANTES Y EQUIPOS

_____

_____

_____

_____

_____

REQUISITOS DEL AGUA

0% MENOS

INSTRUCCIONES PARA EL CUIDADO

_____

_____

_____

_____

INSTRUCCIONES PARA LA SIEMBRA

_____

_____

_____

_____

NOTAS ADICIONALES

_____

_____

_____

_____

_____

_____

LIBRO DE JARDINERÍA

NOMBRE	POSICIÓN
PROVEEDOR	PRECIO

CLASE DE CIENCIAS

VEGETACIÓN	○	FRUTA
HIERBA	○	FLOR
ARBUSTO	○	ÁRBOL
ANUAL	○	BIENAL
PERMANENTE	○	SEMILLA

FECHAS

GERMINATO

PLANTA

COLECCIÓN

NIVEL DE LUZ

SOL

SOL PARCIAL

OMBRA

OTROS

EMPEZADO POR

SEMILLA

PLANTA

EVALUACIÓN

DIMENSIÓN ○○○○○

COLOR ○○○○○

GUSTO ○○○○○

FERTILIZANTES Y EQUIPOS

_____

_____

_____

_____

_____

REQUISITOS DEL AGUA

0%
MENOS

INSTRUCCIONES PARA EL CUIDADO

_____

_____

_____

_____

INSTRUCCIONES PARA LA SIEMBRA

_____

_____

_____

_____

NOTAS ADICIONALES

_____

_____

_____

_____

_____

_____

LIBRO DE JARDINERÍA

NOMBRE	POSICIÓN

PROVEEDOR	PRECIO

CLASE DE CIENCIAS

VEGETACIÓN ○	FRUTA
HIERBA ○	FLOR
ARBUSTO ○	ÁRBOL
ANUAL ○	BIENAL
PERMANENTE ○	SEMILLA

FECHAS

GERMINATO

PLANTA

COLECCIÓN

NIVEL DE LUZ

SOL

SOL PARCIAL

OMBRA

OTROS

EMPEZADO POR

SEMILLA

PLANTA

EVALUACIÓN

DIMENSIÓN ○○○○○

COLOR ○○○○○

GUSTO ○○○○○

FERTILIZANTES Y EQUIPOS

_____

_____

_____

_____

_____

REQUISITOS DEL AGUA

0% MENOS ☐

INSTRUCCIONES PARA EL CUIDADO

_____

_____

_____

_____

INSTRUCCIONES PARA LA SIEMBRA

_____

_____

_____

_____

NOTAS ADICIONALES

_____

_____

_____

_____

_____

_____

LIBRO DE JARDINERÍA

NOMBRE		POSICIÓN
PROVEEDOR		PRECIO

CLASE DE CIENCIAS

VEGETACIÓN	○	FRUTA
HIERBA	○	FLOR
ARBUSTO	○	ÁRBOL
ANUAL	○	BIENAL
PERMANENTE	○	SEMILLA

FECHAS

GERMINATO

PLANTA

COLECCIÓN

NIVEL DE LUZ

SOL

SOL PARCIAL

OMBRA

OTROS

EMPEZADO POR

SEMILLA

PLANTA

EVALUACIÓN

DIMENSIÓN ○○○○○

COLOR ○○○○○

GUSTO ○○○○○

FERTILIZANTES Y EQUIPOS

_____

_____

_____

_____

REQUISITOS DEL AGUA

0% MENOS

INSTRUCCIONES PARA EL CUIDADO

_____

_____

_____

_____

INSTRUCCIONES PARA LA SIEMBRA

_____

_____

_____

_____

NOTAS ADICIONALES

_____

_____

_____

_____

_____

_____

www.ingramcontent.com/pod-product-compliance
Lightning Source LLC
LaVergne TN
LVHW011959070526
838202LV00054B/4964